LOS LIBROS SECRETOS DE

W.i.t.c.h.

Will Irma Taranee Cornelia Hay Lin

100 brujerías para guardar secretos

W0359322

CÍRCULO de LECTORES

Título original: *Cento magie per custodire i segreti*

Licencia editorial para Círculo de Lectores
por cortesía de Disney Enterprises, Inc.

Círculo de Lectores, S. A. (Sociedad Unipersonal)
Travessera de Gràcia, 47-49, 08021 Barcelona
www.circulo.es

03 12 9 8 7 6 5 4 3 2 1
ISBN: 84-672-0211-4
N.º 23044B
Depósito legal: LE. 101-2004
Printed in Spain - Impreso en España

Índice

capítulo UNO

La magia de los secretos

Del diario de Will

Viernes, 23 de noviembre

Secretos... ¡Afortunadamente existen! Pensaba en ello esta mañana. No quiero ni imaginar qué nos pasaría a las chicas si todos supieran que somos... W.I.T.C.H. *Me imagino a nuestros compañeros: «Will, ya que tienes poderes especiales, ¿podrías hacer desaparecer de la faz de la Tierra a todos los profesores?» ¡La tentación sería* irresistible*! «¡Will, me gusta Tom! ¿Puedes hacer que se enamore de mí?»* ¡Socorro! *¡Sería una continua tortura! Pero lo admito:*

Tener este secreto en común nos une: es algo especial que nos hace únicas e importantes. Seríamos superamigas de todos modos, pero el secreto que compartimos nos convierte en un grupo y nos da la seguridad de que jamás nos traicionaremos.

Del diario de Hay Lin

Lunes, 7 de diciembre

¡Supernovedad! *¡Por fin he descubierto el secreto de Gladys! Llevaba algún tiempo rondándome, y no sabía por qué... Hoy me ha confesado que le encanta cómo dibujo, ha visto por casualidad (¿debo creerla en esto?) uno de mis bocetos que se había quedado en el cuaderno de matemáticas. Y como a ella también le gusta* diseñar *ropa, hemos quedado mañana en su casa para pasar una tarde a base de té, pastas y creatividad. Estoy muy contenta de que me lo haya contado, porque...*

Ahora tenemos un sueño secreto en común: ser diseñadoras. Podremos intercambiar mucha información, compartir algo que es solo nuestro y, sobre todo, divertirnos juntas.

WITCHARIO

CINCO REGLAS PARA GUARDAR UN SECRETO

W

Todos los lunes cambio la contraseña de mi ordenador.

I

¿Secreto? ¡No sé de qué me hablas!

Del diario de Cornelia

Miércoles, 10 de marzo

Secreto. Privado. ¿Por qué hay personas en el mundo que no comprenden estas sencillas palabras?
Como las Grumper, por ejemplo, que el lunes atacaron de nuevo... No se sabe cómo, pero han descubierto que los famosos ojos de color violeta azulado de Kelly son en realidad ¡lentillas de colores!
Obviamente, se han apresurado a divulgar la «gran noticia», y en menos de una hora lo sabía todo el instituto. A Kelly le ha sentado francamente mal.

T
Lo conservo en el lugar más seguro que existe: mi cabeza.

C
Lo escribo en el diario que guardo escondido.

H
Me lo apunto en clave en las manos.

Sonrisas W.I.T.C.H.

Soluciones divertidas a todas tus dudas

¿Qué sucede cuando se destapa un secreto?

El secreto... ¡pilla un buen catarro!

¿Cómo se sabe cuándo un secreto puede ser contado?

Se enciende el... ¿chivato?

Me gusta un chico de mi clase. ¿Es un secreto?

No, es una... «¡coladura!»

A veces siento que tengo un secreto en el estómago, pero no sé cuál es. ¿Es grave?

No, será que has comido una receta secreta de la abuela.

Mi madre quiere que le cuente uno de mis secretos cada semana. Pero, ¡no tengo tantos!

Ningún problema: ¡pregúntale si también aceptaría secretos «repes»!

Por eso fui ayer a clase con lentillas de colores, y en el recreo dejé boquiabiertos a todos con mis ojos de gato amarillos. He dicho que son el último grito, ¡y media clase las quería! Las odiosas Grumper se morían de envidia porque todas las chicas pedían consejo a Kelly. Ahora, ¡ella es la experta! Tal vez las Grumper hayan aprendido la lección. . .

Nadie debe intentar llamar la atención desvelando los secretos de los demás. Cada uno de nosotros guarda algo que no quiere revelar, y tiene derecho a mantenerlo en secreto o a contárselo a alguien en quien confía.

¡Pero seguro que esto es algo que no comprenden esas dos víboras!

el corazón de KANDRAKAR te dice que...

Nuestros pequeños secretos son importantes;contribuyen a hacernos únicas y nos ayudan a crecer y a conquistar nuestra independencia.

Y si son importantes para nosotras, también lo son para los demás; procura no traicionar jamás la confianza de quien te escoge para confesarte su secreto, y si estás a punto de hacerlo, piensa en cómo te sentiste la última vez que una amiga tuya pregonó por ahí las confidencias que le habías contado...

Apuntes e ideas

Un «top secret» es mágico...

- ✗ Porque es algo especial para ti.
- ✗ Porque es maravilloso que una amiga confíe en ti y te cuente su secreto.
- ✗ Porque es bonito decidir si vas a contarlo..., y también cuándo, cómo y a quién.
- ✗ Porque un secreto compartido refuerza la amistad.
- ✗ Porque una sorpresa sin secreto..., ¿qué sorpresa es?
- ✗ Porque una amiga es la que sabe mantener la boca cerrada.
- ✗ Porque el «voto» es secreto.
- ✗ **¡Porque sí!**

capítulo **dos**

¡Prohibido el acceso!

LAS W.I.T.C.H.
Jueves por la tarde - habitación de Peter

Peter: Taranee, ¿qué estás haciendo?

T: Ejem..., hola, Peter. Yo...

Peter: ¡Dame esa carta! ¡Ya sabes que no debes fisgar en mis cosas!

T: Es que estaba buscando...

P: ¡Fuera!

T: ¡Espera! Deja que te explique...

P: He dicho... ¡¡¡FUERA!!!

Taranee convoca de urgencia a Cornelia

C: ¿Qué ha ocurrido? ¿Algún percance?

T: Sí... ¡Y todo por culpa de un estúpido CD!

C: Explícate mejor, no entiendo.

T: Hoy he entrado en la habitación de Peter para coger un CD que le había prestado. Él no estaba, así que me ha tocado buscarlo entre el desorden de su mesa...

Sonrisas W.I.T.C.H.

Soluciones divertidas a todas tus dudas

¿Por qué mi hermana se siente la reina de la habitación?

¡Quizá porque confunde la litera con una cama con dosel!

Mi madre dice que no puedo colgar en mi habitación los pósters de mis ídolos. ¿Qué hago?

Pregúntale si puedes colgarlos... ¡en su dormitorio!

Mi madre cambia continuamente de sitio los muebles de mi habitación. ¿Quiere descubrir mis secretos?

No, lo hace porque aún no ha descubierto que, aunque se llamen «muebles», ¡pueden quedarse quietos!

Mi hermana mete siempre las manos en mis cajones. ¿Qué puedo hacer?

Alégrate, si metiera los pies, ¡sería peor!

C: Pobrecita. Si se parece a la mía, te compadezco...

¡Es un auténtico caos!

T: ¡Pues sí! De mi CD, ni rastro..., pero he encontrado todas las cartas de Myriam...

C: ¿Quién es Myriam?

T: Una chica que conocimos en la playa el verano pasado. Al parecer se quedó colada por Peter, porque no deja de enviarle folios y más folios llenos de corazoncitos.

el corazón de KANDRAKAR te dice que...

Tu habitación es tu mundo privado, y es natural que desees defenderla de las incursiones de hermanos y padres. Pero si se producen, gritar o enfadarse no sirve de nada.

La mejor estrategia es comportarte como te gustaría que los demás se comportaran contigo, dando una especie de buen ejemplo. Pide siempre permiso a tus hermanos y hermanas antes de tomar prestadas sus cosas, y acuérdate de llamar a la puerta antes de entrar en su habitación.

C: Y tú, ¿cómo lo sabes?

T: Pues... ¡las he visto! Justo tenía una en la mano cuando entró Peter en la habitación, y se puso hecho una furia.

C: No me extraña. Yo también me enfado cuando descubro a Lylian ¡fisgoneando en mis cosas!

T: ¡Un momento! ¡Yo no estaba fisgoneando! Ha sido una casualidad que esas cartas cayeran en mis manos. ¡No lo hice adrede!

C: Ya lo sé, pero eso no cambia mucho las cosas.

Al encontrarte en su habitación leyendo una carta suya, Peter habrá pensado que no respetas su intimidad y sus cosas más personales. ¡Es como una invasión del territorio!

T: Pero nuestra casa no es una base de experimentos espaciales en la que, para pasar de una habitación a otra, se necesite una autorización escrita. Además, creía que entre él y yo no había secretos...

C: No es nada malo guardarte cosas solo para ti, ya sean castillos en el aire o colecciones de envases de refrescos.

Y tu habitación es, precisamente, el «reino» donde tienes derecho a guardar y saborear lo que es importante para ti.

¿Qué hacer si...

¿Deseas tener tu espacio privado, pero compartes la habitación con tu hermana (o hermano)?

- Alíate con ella/él; siendo dos se tiene más fuerza para defender la privacidad.
- Pacta unas «reglas de convivencia», aceptando cumplir algunos compromisos.
- Divide la habitación en dos zonas, dejando un «pasillo» hasta la puerta como zona neutral.

¿Sospechas que alguien hurga en tus cosas?

- Para saber si alguien hurga realmente, utiliza pequeñas «trampas»: un lápiz colocado en una determinada posición entre los papeles, un hilo invisible entre las camisetas, etc.
- En cambio, si quieres poner en un compromiso al «fisgón», deja en tus escondites notas en las que ponga: «¡Te he pillado!».

¿Todos entran en tu habitación sin llamar?

- Háblalo abiertamente con tus familiares; no tienes nada que ocultar, solo estás pidiendo un poco de educación.
- Cuelga en la puerta un cartel en el que ponga, con letras grandes: «Llamad antes de entrar».
- Cuelga unas campanillas en el marco de la puerta. Te avisarán cuando entre alguien.

T: Quizá tengas razón, pero no esperaba que Peter reaccionara tan mal. Después de todo, he estado en su habitación miles de veces, igual que él en la mía.

C: Lo sé, pero...

La diferencia es si estás autorizada o no; si el «dueño» de la habitación está de acuerdo, entras como «invitada» en un mundo ajeno..., pero si lo haces sin autorización, ¡te conviertes en una invasora o en una fisgona!

T: Es verdad. Debería haber esperado a que Peter volviera a casa para pedirle mi CD y, sobre todo, no debería haber leído esa carta. En realidad, él siempre me pide permiso para cogerme las cosas, y antes de entrar en mi habitación llama a la puerta, aunque sabe que para mí no es un problema..., ¡al menos no con él!

C: ¡Ánimo! Estoy segura de que haréis las paces.

T: Ya, sobre todo si le pido disculpas con una tarrina de helado de frambuesa, ¡su favorito!

C: ¡Buena idea! Y verás cómo, tarde o temprano, Peter te enseña las cartas de esa Myriam...

T: Eso me parece bastante difícil.

C: Sí, pero si sucede..., ¡ya sabes que hay que compartir los secretos con las amigas!

T: ¡Pero, CORNELIA! Después de los maravillosos discursos sobre el respeto, la intimidad...

C: Ejem..., solo era un ataque de «fisgoneo».

Apuntes e ideas

Mi habitación es un pequeño reino donde puedo...

- Soñar despierta.
- Charlar y reír con mis amigas durante horas.
- Esconder mis objetos más secretos y valiosos.
- Escuchar mi canción favorita quince veces seguidas.
- Empapelar las paredes con las fotos de mis amigas del verano.
- Rodearme de los pósters de mis ídolos.
- Guardar mis colecciones más estrafalarias.
- Encender una varita de incienso siempre que quiero.
- ¡Prohibir la entrada a quien no me gusta!

capítulo **tres**

Tu lugar secreto

LAS W.I.T.C.H.

Sábado por la tarde – centro comercial de Heatherfield

C: Me preocupa que Taranee no haya venido hoy con nosotras.

I: ¿Por qué?

C: Bueno, me gustaría estar segura de que todo va bien.

W: A mí también me parece raro. Me ha dicho que quería pasar la tarde dando una vuelta sola...

¡No es propio de ella!

H: No estoy de acuerdo.

No hay nada malo en renunciar, alguna vez, a estar con las amigas para hacer otra cosa.

W: Ya, pero cuando salimos, solemos ir siempre todas juntas, la verdad.

H: Lo sé, aunque de vez en cuando nos apetece hacer cosas por nuestra cuenta, ¿no?

I: Es cierto. Y algunas veces no basta con encerrarse en la habitación...

C: ... ¡Sobre todo si en los alrededores hay un pequeño huracán ambulante como mi hermana!

H: Yo no tengo ese problema, pero algunos días es como si mi habitación... ¡se me quedara «pequeña»!

I: A mí también me pasa. A veces me tumbo en la cama con la idea de relajarme un par de horas escuchando música, pero me canso en seguida.

W: Y entonces, ¿qué haces?

I: Me doy una vuelta en bici por el parque con mi *walkman*. Eso hace que me sienta tan bien que a veces me pongo a cantar a voz en grito...

C: ...lo que hace que se sientan un poco menos bien los que tienen la desgracia de escucharte...

Irma está a punto de responderla, pero Hay Lin consigue detenerla a tiempo

H: Calma, chicas...

¡Enterrad el hacha de guerra!

Sonrisas W.I.T.C.H.

Soluciones divertidas a todas tus dudas

Quiero construirme un refugio secreto en un árbol.

Magnífica idea. Pero elige bien: si piensas ir cuando estés triste, escoge un sauce llorón. Si deseas que sea siempre tu pequeño secreto..., ¡es mejor un bonsai!

Voy a la piscina para relajarme y pensar en mis cosas, pero siempre me siento observada.

Hum..., quizá deberías dejar de ponerte el traje de baño amarillo chillón o el de cuadros violeta...

Tengo «mi» banco secreto en el parque..., pero la última vez ¡estaba ocupado!

Si quieres encontrarlo siempre libre, coloca el cartel de: «¡Ojo, recién pintado!»

W: Sí, venga. Estábamos diciendo que...

I: ... de vez en cuando, salir y estar sola sienta bien.

H: Yo, por ejemplo, cuando debo tomar una decisión, voy siempre a mi refugio secreto...

I, W y C (a coro): ¡¿Refugio secreto?!

H: Bueno, sí, una especie de..., ahora os lo explico, pero no os riáis.

I: Tranquila, te escucharemos muy serias...

... ¡palabra de W.I.T.C.H.!

H: Veréis, voy al museo municipal. Allí, en un rincón un poco escondido, hay un cuadro que me gusta muchísimo. Me siento delante de él y lo contemplo; me ayuda mucho a concentrarme en mis pensamientos.

W: A mí me pasa algo parecido cuando estoy en la piscina. Es un momento totalmente mío, para reflexionar, relajarme... y hacer que se me pase el mal humor cuando, por ejemplo, he discutido con mi madre.

C: ¡Y para mí es lo mismo con el patinaje!

I: ¿Habéis visto?

Al final todas tenemos una «guarida secreta», un lugar mágico en el que nos «refugiamos» cuando lo necesitamos.

H: Por eso no tenemos que molestarnos o preocuparnos si esta tarde Taranee no sale con nosotras.

I: Entonces propongo que hagamos un pacto.

C: ¿De qué tipo?

H: Prometamos que no nos sentiremos traicionadas o abandonadas si alguna vez una de nosotras prefiere salir por su cuenta.

W, I, C (a la vez): ¡Prometido!

En ese momento llega Taranee

T: ¡Hey! ¿He perdido algo importante?

I: Bueno, tenemos un montón de cosas que contarte, pero ahora cuéntanos: ¿cómo van tus fotos?

C: ¡No podemos esperar a verlas ya reveladas!

H: ¿Dónde fuiste a hacerlas?

T: ¡Guau! ¡Qué interés! Y yo que pensaba que os habíais enfadado porque no había ido con vosotras...

¿Qué hacer si...

¿Tus amigas se molestan si no sales con ellas?

- Aclárales que, de vez en cuando, es normal querer estar sola.
- Recuerda que las verdaderas amigas respetan tu deseo de estar sola. Además, estar a solas suele ayudar a recargar las pilas, y eso es beneficioso para ti y tus amigas.

¿No sabes cómo elegir «tu lugar secreto»?

- Es fácil: normalmente es aquel en el que te encuentras más a gusto que en cualquier otro.
- Prueba a dar un paseo: puede ser que encuentres un sitio «mágico», perfecto para ti.

¿Tus amigas desearían compartir contigo tu lugar secreto?

- No te sientas obligada; hazlo solo si lo deseas realmente.
- Diles que ese lugar es importante para ti y quieres que siga siendo solo «tuyo».

Apuntes e ideas

Mi «LUGAR SECRETO» fuera de casa es...

- ✗ El balcón o la terraza, porque me basta un poco de sol para cargar las pilas.
- ✗ El gimnasio, porque después de sudar mucho, incluso la mente está más fresca.
- ✗ La biblioteca, porque el «silencio obligatorio» es fantástico para pensar.
- ✗ Una vuelta por el centro, porque perdiéndome entre la multitud me encuentro a mí misma.
- ✗ La clase de danza, porque concentrándome en los pasos consigo distraerme de todo lo demás.
- ✗ Montar en bici, porque pedaleando... ¡se supera todo!
- ✗ Un paseo con el perro, porque mientras él corre, corren también mis pensamientos.
- ✗ La librería de la esquina, porque el dependiente es tan simpático que me pone siempre de buen humor.

capítulo **cuatro**

Todas tenemos un O.S.S. (Ojo a Salir Sin)

Del diario de Hay Lin

Lunes, 2 de mayo

¡Bien! ¡Bien! ¡Bien! ¡Un cursillo en una escuela de moda *en París! No me lo puedo creer. Me convertiré en una gran diseñadora, lo presiento. Va a ser un verano fantástico. ¡Estoy deseando que llegue!*

Miércoles, 4 de mayo

Oh, oh…, lo de París se pone feo. Mis padres han ido a la entrevista con los profes… y se han enterado de que el francés lo he aprobado por los pelos. Entonces me han dicho que, como no tengo un gran dominio del idioma, quizá el cursillo no me sirva de mucho. Les he suplicado, diciéndoles que es demasiado importante *para mí…, pero no me han escuchado.*

Jueves, 5 de mayo

Tal vez haya logrado un trato con mamá y papá: les he prometido que en el último examen de francés conseguiré aprobar y, además, con buena nota*, incluso con un* sobresaliente*. Y lo haré, aunque tenga que encerrarme en casa ¡o aprenderme de memoria todo el diccionario!*

Viernes, 6 de mayo

La profe de francés ha fijado la fecha del examen: 19 de mayo. El 19 *es un número que me gusta, y mayo es el mes de las rosas; será un día afortunado, lo presiento.*

Jueves, 19 de mayo

Ya está. Me lo sé todo: verbos irregulares, vocabulario, etcétera. ¡Pero me gustaría que alguien hiciera el examen en mi lugar! Ya he preparado la cartera... y también mi amuleto*. Es una antigua moneda china que me regaló la abuela. La llevo conmigo siempre que debo afrontar algo importante.*

WITCHARIO

CINCO GESTOS SECRETÍSIMOS PARA TENER BUENA SUERTE

I. Me atiborro de bombones nada más levantarme.

II. Abrazo a mi ranita.

Viernes, 20 de mayo

¡Vaya día! Al llegar a clase me he metido la mano en el bolsillo para buscar la moneda, y no la he encontrado. Creo que me he puesto lívida, porque Taranee me ha preguntado si me pasaba algo. Pues sí, me pasaba. Sin mi amuleto me sentía **perdida***.*

1 los amuletos solo ejercen sus influjos positivos cuando son secretos;

2 no sabía si las demás me entenderían, y en ese momento no me apetecía dar explicaciones.

En el fondo sé que no tiene mucho sentido esperar que una moneda te dé buena suerte, pero...

En fin, he empezado el examen cruzando los dedos y repitiéndome mil veces que había estudiado.

Tendré los resultados el día 23; pobre de mí, ¡van a ser tres días de interminable espera!

T

Escucho concentrada mi sinfonía favorita.

C

Jamás salgo sin mi pulsera.

H

Me escribo en las manos frases «especiales».

Sábado, 21 de mayo

¡He encontrado la moneda!
La había guardado en el bolsillo de la cartera, y no en la chaqueta, de modo que cuando hice el examen la tenía conmigo, aunque yo estaba convencida de lo contrario. ¿Habrá servido? No sé, la verdad es que el mes pasado, cuando me preguntaron en historia, llevaba mi amuleto..., no había abierto el libro..., y en vista de que un objeto inanimado nunca te puede «soplar», ¡hice un ridículo espantoso*!*

el corazón de KANDRAKAR te dice que...

Es natural creer que algo nos puede dar buena suerte cuando nos sentimos inseguros. No hay nada extraño en eso, pero no debemos confiar únicamente en los «poderes» de un amuleto ni encomendarnos solo a él.

La verdadera suerte la creamos nosotros, con aquello en lo que creemos; si eres optimista y afrontas con serenidad las dificultades, pronto descubrirás que la verdadera magia está en ti, en tu fuerza y en tu voluntad..., que son mucho más grandes de lo que puedes pensar en muchos momentos. ¡Ese es el amuleto que has de llevar siempre contigo!

Lunes, 23 de mayo

Mi examen ha sido el mejor de la clase, por tanto…, ¡¡¡París, allá voyyy!!! *¡Es maravilloso! ¡Y yo soy fantástica! Mamá y papá han confirmado mi asistencia al cursillo de moda. Las chicas se han quedado atónitas y me han felicitado. Pero también me han pedido explicaciones sobre mi extraña actitud durante el examen, y ¡he descubierto algo* increíble*! Cuando he confesado que estaba preocupada porque no encontraba mi moneda, se han echado a reír. Pero no porque lo encontraran gracioso, sino porque yo pensara que no me entenderían. De hecho, ellas también tienen un amuleto: el de Will es una ranita de goma; el de Irma, un jersey rojo; el de Cornelia, una pulsera; el de Taranee, tres cuentas pintadas que se pone en el pelo.*

En definitiva, no hay que avergonzarse de buscar un poco de «ayuda» en un objeto «especial». Lo importante es hacer todo lo que podamos por ayudar a la fortuna... ¡para que se ponga de nuestra parte!

capítulo cinco

¡Abajo las manos!

Las W.I.T.C.H.

Martes por la tarde – a la salida de clase

C: ¡Qué cara, Irma! Día negro, ¿eh?

I: Más negro imposible, ¡te lo aseguro!

T: ¿Ha ocurrido algo grave?

I: Algo todavía peor, de verdad.

W: ¿Quieres hablar de ello?

I: Claro, aunque la catástrofe ya ha sucedido...

H: ¡Venga, cuéntanoslo!

I: ¿Os acordáis de la pluma que me prestó Nat?

H: ¿Nat el fantástico? ¿El estupendo? ¿El maravilloso?

T: ¡Te hemos entendido, Hay!

I: ¡Sí, él!

C: Y si no me equivoco, era la pluma que le pediste prestada a Nat «por casualidad» cuando, «por casualidad», entraste en 4.º D para ver si, «por casualidad», alguien sabía cuál era la hora libre de Collins...

Sonrisas W.I.T.C.H.

Soluciones divertidas a todas tus dudas

He perdido las llaves de mi cofre secreto. ¿Qué puedo hacer para abrirlo?

Prueba con una ganzúa: ¡quizá te sirva!

He guardado los retratos que él me ha hecho en el cajón de los calcetines. ¿Es un buen escondite?

Claro: ¡pero procura guardar los calcetines limpios!

¿La cama es un buen escondite para los secretos?

En invierno, sí. ¡Pero en verano pueden quedar... destapados!

He escondido la foto del chico más guapo de la clase en la caja de las galletas. ¿Qué os parece?

¡Buena idea! Sabíamos que era un chico dulce, pero no pensábamos que lo fuese tanto...

I: Bueno, ¿me dejáis que os lo cuente o no?

T: Sí, perdona, continúa.

I: Bien... Sabéis perfectamente que le tenía un cariño especial a esa pluma. Con el trabajo que me costó conseguirla... ¡y ni siquiera la llevaba a clase para no perderla!

W: Yo creía que querías guardarla por tener una excusa para hablar con Nat.

I: ¡También! De todos modos, ahora no podría hacerlo ni queriendo. Ayer, mi hermano estaba en casa con gripe, entró en mi habitación, vio la pluma ¡y se apoderó de ella!

T: ¿Eso es todo?

I: ¡Ojalá! Christopher la rompió y mamá la ha tirado.

WITCHARIO

CINCO TRUCOS PARA ESCONDER UNA CARTA

W: ¡Pido que me envíen solo e-mails!

T: Entre mis fotos de insectos. ¡No le interesan a nadie!

I: En la carátula del vídeo de Karmilla, debajo de la cubierta.

H: ¡Oh! Entonces...

¡Es un complot familiar!

Pero ese problema no lo tiene solo Irma...

T: ¡Cómo te comprendo! Yo tampoco consigo guardar casi nada en mi casa. Es como si no pudiera tener, no digo grandes secretos, sino nada íntimo. Mi madre es peor que una aspiradora: todo lo que encuentra por ahí que no considera digno de ser «guardado», lo tira.

W: *Yo creo que lo mejor es encontrar un sitio especial para las cosas especiales. Una especie de escondite secreto. Un cofre privado.*

C: Tienes razón. Yo he tenido que hacer eso para defenderme de los asaltos de mi hermana.

I: ¿Te has mudado?

C: En el doble fondo de mi joyero.

H: En la carpeta de los dibujos que me han salido mal. No son bonitos, ¡pero sí muy útiles!

C: No, ha sido mucho más fácil.

Las cosas importantes las guardo en una caja cerrada con candado que tengo al fondo de un cajón.

T: ¿Y funciona? ¿Resiste incluso los ataques de los padres?

C: ¡Claro! Pero...

...he de tener todos los cajones en orden, sobre todo el que guarda mi cofre secreto.

I: ¡Menudo trabajo!

W: Ya, ¡pero merece la pena!

C: ¡Seguro!

W: ¿Qué te ha dado ahora?

I: Nada. Es que he decidido convertirme en una chica MUUUY ordenada. No sé si me entendéis...

C: Mañana tendrás que hacernos un informe superdetallado de lo que has guardado en la caja.

I: ¡Después de haber visto el tuyo!

C: Yo, a cambio, podría darte una informacioncilla...

I: ¿De qué tipo?

C: Del tipo... ¡Nat a la vista a las doce!

I: ¡QUERIIIDA Cornelia, mis secretos son tuyos! Pero pensaré en la caja más tarde. Ahora tengo que dedicarme al espionaje. ¡Adiós!

Apuntes e ideas

Consejos para esconder tus «SECRETOS»

- Si es un objeto pequeño, puedes llevarlo siempre contigo.
- No guardes todos tus «tesoros» en un mismo sitio.
- Prepara una falsa caja de secretos que haga de cebo y déjala a la vista.
- Crea un escondite de camuflaje; introduce tu tesoro secreto en un sobre, y guárdalo en un estuche, en una bolsa pequeña metida en otra grande y dentro del armario.
- Guarda tus secretos en un orden determinado y recuérdalo bien. La más mínima variación indica la presencia de un fisgón.
- Si alguien ha leído uno de estos consejos..., ¡alerta roja! Busca un nuevo escondite.

capítulo **seis**

Un bochorno de 10.000 megavatios

Del diario de Will

Jueves, 13 de abril

¡Basta! Esta vez mamá se ha superado a sí misma. **¡Wilhelmina!** *¿Qué le ha dado? Le he dicho miles de veces que no me llame así. Y vaya momento de hacerlo. ¡Delante del chivato de Uriah y su banda! Es increíble. Ya me imagino mañana, en el instituto, los carteles con la inscripción «Wilhelmina, la chiquitina».* **¡Auxilio!** *No puedo olvidar la escena: yo ayudando a mamá a cargar las bolsas en el coche, y ellos, a lo lejos, riéndose y diciendo: «¡Muy bien, Will! ¿Ayudando a tu mamaíta?» Me he dirigido hacia ellos para decirles cuatro...*

Y, de pronto, el **desastre de mamá** *ha tenido que llamarme: «¡Wilhelmina, ven! ¡Es tarde!» ¡Que alguien me dé una pala! ¡O al menos una bolsa de papel para taparme la cara cuando vaya a clase mañana!*

21 horas

He hablado por teléfono con Cornelia. Afortunadamente me ha levantado un poco la moral contándome una cosa que le pasó hace algún tiempo… Había invitado a su casa a unos compañeros de clase, y mientras merendaban, Lylian apareció con el retrato que Cornelia había hecho de un compañero que le gustaba. Me ha dicho que se puso de todos los colores (¡la creo!) y, después de explotar como un volcán (¡me la imagino!), empezó a balbucear frases sin sentido del tipo: «Estoy practicando para entrar en un curso de dibujo…». Resultado: los compañeros no paraban de reírse. En pocas palabras, se dio cuenta de que **buscar excusas para disimular** *no arregla las cosas, es más, a veces las empeora.*

La mejor manera de salir con la cabeza muy alta de estas situaciones es tomárselo con ironía y participar en la broma. El que se ríe de otro se divierte viéndole desconcertado, pero si el otro responde con una sonrisa, tal vez con un chiste, se acaba la diversión.

Sonrisas W.I.T.C.H.

Soluciones divertidas a todas tus dudas

Mis compañeros de clase me toman el pelo porque he escrito en mi agenda: «Ricitos, te quiero». Pero Ricitos es mi perro.

No te ofendas, pero con un perro con ese nombre, ¡es imposible que no te tomen el pelo!

Mi madre se ha presentado en el instituto vestida igual que yo. He deseado que me tragara la tierra...

¿Por qué? ¿Tan mal vestida ibas?

Mi hermano le ha contado a mis padres que me ha visto de la mano con un chico. ¿Qué debo hacer?

Decirle que vaya al oculista, porque no ha visto que estabais abrazados...

En el instituto se ríen de mí porque llevo ortodoncia. ¿Cómo puedo evitarlo?

Es fácil..., ¡no abras la boca!

Desde luego, no siempre es fácil (¡sobre todo si se tiene un carácter como el de Corny!), pero conviene **intentarlo**. *Pensándolo bien, debe de ser terrible que te llamen Wilhelmina, al menos lo sería para mí. Pero quién sabe cuántos chicos tienen nombres absurdos que les pusieron sus padres. ¡En cualquier caso, su madre y Lylian son realmente* **inoportunas!**

Viernes, 14 de abril

¡Increíble! ¡Ha funcionado! Uriah y su banda, como era de esperar, han empezado a llamarme «Wilhelmina, Wilhelmina». He sentido que mi sangre hervía... y una horrible tentación de salir corriendo a esconderme, pero me he controlado.
¡Soy una valiente! *Me he vuelto, he sonreído y les he saludado con un cordial: «¡Hola, chicos! ¡Encantada de veros!». Se han quedado de piedra. Me han mirado con cara de asombro, y de sus estúpidas bocas abiertas ha salido un tímido «hola».* **¡Ha sido mágico!**

Sábado, 15 de abril

Hoy he hablado con mamá. No podía aguantar más con esto dentro. ¡Y esta vez ha sido ella quien me ha dejado con la boca abierta! Le he dicho que no me gusta que me llame «Wilhelmina» delante de mis amigos..., y ella lo **ha comprendido**.
Por eso he decidido hablar claro: le he dicho que me encanta que me llame de un modo «especial», pero que es mucho más bonito si se trata de un secreto entre ella y yo.

Apuntes e ideas

Los más bochornosos

- ✗ Llegas a una fiesta y te das cuenta de que no vas vestida de la manera adecuada.
- ✗ Acabas de hablar con «él»... y descubres que tienes una mancha de bolígrafo en la mejilla.
- ✗ Precisamente cuando pasas delante del chico más guapo del instituto, tropiezas y te das el batacazo del siglo.
- ✗ Todas las situaciones en las que desearías hacer un agujero en el suelo y desaparecer en el centro de la Tierra.
- ✗ Siempre y en todo lugar, en caso de bochorno fulgurante, lo mejor es no hacer un drama e intentar reírse de la situación en compañía de una amiga: ¡esas cosas pueden ocurrirle a cualquiera!

capítulo siete

¡Punto en boca!

LAS W.I.T.C.H.

Sábado por la tarde - habitación de Taranee

C: Hey, Taranee..., ojos enrojecidos, camiseta vieja, supergrande..., ¿es un nuevo *look?*

W: Tenemos la vaga sospecha de que no quieres salir.

T: Así es. No pienso volver a salir de casa...

¡Quiero desaparecer!

C: Si estás en ese estado, no pienso contradecirte.

W: Una ducha rápida y otro atuendo podrían resolver el problema.

T: No bromees... ¡Hay Lin no volverá a dirigirme la palabra, y si pudiera, yo también dejaría de hablarme a mí misma!

C: ¿Qué has hecho? Parece...

¡Un espantoso desastre!

W: Ánimo, cuéntanoslo todo.

T: La Rudolph nos ha dado hoy los exámenes de «mates» corregidos, y Hay Lin ha suspendido. Estábamos hablando de ello en el recreo, cuando ha llegado Alex...

C: ¡Oh, no! Con lo que le gustan las malas notas... ¡de los demás! Cuanto más malas son, más se divierte tomándote el pelo.

T: Sí, pero en ese momento no lo he pensado... y cuando nos ha preguntado por el resultado de nuestro examen, yo he respondido..., también por Hay Lin.

C: Imagino lo siguiente: Alex ha empezado a hacer sus odiosos chistes...

T: ¡Efectivamente!

W: ¿Y Hay Lin? ¿Se ha enfadado?

T: Ojalá. Lo ha aguantado todo sin rechistar, pero cuando ese gusano se ha marchado, ha vuelto a clase sin mirarme siquiera. Tenía una cara...

W: ¿Le has pedido perdón?

T: Me gustaría, pero no tengo valor.

W: Levántate y arréglate. Vamos a salir.

T: No me apetece.

C: ¡Respuesta incorrecta! Pónte los vaqueros... date prisa.

Media hora después, las tres están en el parque, y ven a Irma y Hay Lin paseando cerca

W: Venga, ve a hablar con ella.

T: No puedo...

C: Escucha, Taranee...

Puede suceder que, sin querer, cuentes un secreto. Pero ahora debes decir que lo lamentas... de lo contrario, un pequeño malentendido puede volverse gigantesco. Si no habláis, corres el riesgo de que ella deje de confiar en ti. No es fácil pedir perdón, pero se consigue cuando está en juego la amistad.

W: Ánimo... Hay Lin es tu amiga. Verás como lo comprende.

T: Vale. Lo intentaré.

Las cinco amigas se juntan

I: Hola, llegáis tarde.

H: Hola a todas.

T: ¿Puedo hablar contigo un momento a solas, Hay Lin?

I: ¿Por qué a solas? ¿Hay algún secreto que yo desconozca?

W: No, Irma. Ven con nosotras.

Hay Lin y Taranee se alejan y empiezan a hablar

T: Oye, Hay Lin..., no sé por dónde empezar. Hum..., quería decirte que..., hoy he metido la pata en el instituto y quiero pedirte perdón. He comprendido que nunca hay que desvelar un secreto. Y mucho menos de una amiga.

H: Esperaba oírte decir algo así. Sabía que no lo hiciste aposta, pero te agradezco que me lo hayas dicho.

T: ¿Sigues confiando en mí?

H: ¡Claro! Pero te recuerdo que no debes pregonar por ahí que me han puesto una mala nota.

T: ¡Puedes estar segura!

Entretanto, un poco más allá...

I: ¡Hey! ¿Por qué no puedo saberlo?

W: Te lo contarán ellas.

I: Puesto que me lo ocultáis todo, ¡NO os diré que Matt está en la pista de patinaje sobre ruedas!

W: ¿QUÉ?

C: ¡Hay Lin! ¡Taranee! ¡Daos prisa! ¡Will tiene unas irresistibles ganas de patinar!

Apuntes e ideas

Seis buenas razones para mantener ¡la boca cerrada!

- Los secretos son como regalos valiosísimos, que se han de tratar con mucho cuidado.
- Desvelar el secreto de alguien es como faltarle al respeto.
- Quien cuenta un secreto demuestra ser alguien en quien no se puede confiar... y pierde las amistades.
- Un secreto que se vuelve a contar «en secreto» puede convertirse en la noticia del día.
- Un secreto que va de boca en boca se interpreta y cambia cada vez que se cuenta, convirtiéndose en una mentira.
- Desvelar un secreto ajeno puede tener consecuencias imprevisibles... y volverse contra ti.

Test

¿Discreta o impertinente?

Comprueba tu nivel de discreción

Llega una nueva compañera de clase. Tu reacción es...

A «¡Esperemos que sea simpática!»
B «¿Por qué habrá cambiado de colegio?»
C «Ah, ¿de verdad?»

Una compañera tuya falta a clase desde hace algún tiempo y no sabes por qué...

A No lo piensas dos veces. La llamas por teléfono.
B Preguntas a tus compañeros si saben algo de ella.
C Mejor así. Era odiosa.

Te enteras por casualidad de que dos compañeras, que se han quedado solas en clase, están discutiendo.

A Te diriges a la clase con tu amiga campeona de kárate.
B Escuchas la riña entre ellas, pero no entras en clase.
C El asunto no te incumbe, y pasas de largo.

Encuentras un diario en el suelo, junto a la mesa del profesor.

A Lo recoges y preguntas de quién es.

B ¡Menuda ocasión!
Seguro que ofrece una interesante lectura.

C Lo dejas donde está.

Pillas a un compañero tuyo fisgando en tu mochila.

A Un poco enfadada, le preguntas qué busca.

B Le sueltas tu repertorio completo de insultos.

C No te inmutas. Total, no tienes nada que ocultar.

Te dicen que Lisa, que saca siempre muy buenas notas, es superexperta en copiar. Tú...

A Ya lo sabías, pero. . ¿por qué pregonarlo?

B Corres a decírselo a la profesora.

C Ignoras la noticia; al fin y al cabo, ella no es la única, por tanto, ¿qué importa?

Ves al mejor amigo de tu amiga haciendo un regalo a otra chica. ¿Cómo reaccionas?

A No haces nada, pero no les pierdes de vista. Nunca se sabe. .

B Como conoces a la otra chica,
intentas saber qué le ha regalado.

C Te mantienes al margen; ¡no es asunto tuyo!

Un compañero no te habla desde hace un mes...

A Le preguntas si le pasa algo.

B No le dices nada, pero averiguas a escondidas qué le ocurre.

C ¿De veras? ¡No te habías dado cuenta!

Perfiles

Mayoría A
La correcta

Tu radar «captasecretos» es muy eficaz y funciona a la perfección, pero sabes cuándo es mejor detenerse, no entrometerse y respetar los espacios ajenos. Desconfías astutamente de las habladurías y prefieres ir directamente a la fuente de la información. Pretendes de los demás el mismo respeto que tú les ofreces. Riesgo: por desgracia, no todos se comportan como tú, y por eso debes poner atención a la hora de elegir a un confidente.
¡Sigue así, eres genial!

Mayoría B
La indiscreta

¿Discreción? No es más que un obstáculo a tus ganas de saber, indagar, descubrir e inmiscuirte inocentemente en los asuntos ajenos.
Todo acontecimiento encierra un interesante secreto por descubrir, y allí donde hay un secreto, están tus antenas listas para entrar en acción. Atención: prueba a pensar qué sucedería si desearas mantener un secreto y ¡te encontrarás con una entrometida profesional como tú!

Mayoría C

La indiferente

Tu lema es: «¡No es asunto mío!» Los asuntos ajenos no te interesan lo más mínimo porque, en el fondo, tampoco los demás te interesan gran cosa. Tú eres mucho más interesante. Cuando alguien te cuenta algo, no te enteras de qué te está hablando porque estás pensando en lo que harás el miércoles por la tarde. Peligro: si algún día eres tú la que tiene que contar algo a alguien, puedes encontrarte hablando con las paredes.

Ninguna mayoría

¿Tienes una puntuación de tres respuestas A y tres respuestas B? Lee los dos perfiles entre los que te sitúas. Aún no te has decidido por un comportamiento determinado, por lo cual te adaptas a las situaciones, cambiando de actitud según la ocasión y los dos perfiles a los que te ajustas.

capítulo **ocho**

La unión hace la fuerza

Las W.I.T.C.H.

Lunes por la mañana – recreo en el instituto Sheaffield

C: ¡Hola, Will! ¿Me equivoco, o estás en el séptimo cielo?

W: No te equivocas...

C: Anda, ¡cuenta!

W: No lo vas a creer, pero esta mañana, cuando he entrado en clase, he encontrado en la mesa una notita firmada con una magnífica y maravillosa «M». Resumiendo, ¡Matt me ha invitado a la heladería esta tarde después de clase!

C: ¡Nooo!

¡Meganoticia!

W: ¡Sí! Estaba tan feliz que me ha faltado poco para ponerme a gritar y saltar en el pupitre. ¡Me muero de impaciencia!

En ese momento llega Irma corriendo

C: Hey, ¿qué te ocurre?

W: ¿Te has convencido, por fin, de que un poco de deporte no hace daño?

I: ¡No! Estaba buscando desesperadamente a Will...

¡Hay una emergencia-Grumper!

W: ¿De qué tipo?

I: Bueno..., hoy has quedado con Matt, ¿verdad?

Will cambia repentinamente de expresión

W: Y tú, ¿cómo lo sabes?

I: Esa es, precisamente, la emergencia.

W: No lo entiendo, explícate mejor.

I: Esta mañana he pillado a las Grumper cuchicheando en el baño de las chicas... En pocas palabras: ¡Will, han visto y leído tu notita, y ahora están decididas a espiarte para descubrir quién es tu «príncipe azul»!

W: ¡Oh, no! ¿Y qué hago ahora para ver a Matt sin llevar detrás a esas dos cotillas?

I: Necesitamos a Hay Lin y a Taranee.

C: Sí. Seguro que entre todas encontramos una solución.

W: Pero debemos darnos prisa: faltan cinco minutos para que se termine el recreo...

Las tres W.I.T.C.H. se reúnen con Hay Lin y Taranee, y tras una rápida explicación...

H: Desde luego, las Grumper son una plaga cósmica.

T: Solo hay una manera de evitar que esas dos fisgonas se entrometan: mientras Will acude a su cita, nosotras cuatro debemos «despistarlas»..., ¡aunque tengamos que soportarlas toda la tarde! Ya tengo en la cabeza un plan estratégico...

I: Es mejor que Will regrese a clase ahora; si las Grumper nos ven conspirando pueden sospechar algo.

W: De acuerdo, pero nos vemos esta tarde a las seis para contarnos cómo ha ido.

Más tarde, las cinco amigas se reúnen en el banco habitual del parque

I, H, T, C (a la vez): ¿Qué tal, Will?

W: ¡Ah!, he pasado con Matt las dos horas más estratosféricas de mi vida..., ¡y todo gracias a vosotras!

WITCHARIO

CINCO REGLAS PARA COMUNICAR AL GRUPO UNA EMERGENCIA SECRETA

W: Estornudo tres veces seguidas.

I: Canto mi canción favorita cambiándole la letra.

Sois realmente unas...

¡amigas mágicas!

I: Nuestra tarde no ha sido exactamente «estratosférica»..., ¡pero nos hemos divertido un montón!

T: Sí. La «operación anti-Grumper» ha salido de maravilla.

W: Venga, contadme qué habéis hecho.

I: Cuando sonó la campana, abordé a nuestras «amigas» metomentodo y les solté un rollo infinito sobre el último videoclip de Karmilla. Y cuando ellas intentaron librarse de mí con un seco: «Tenemos cosas más importantes que hacer», aparecieron en escena Taranee, Hay Lin y Cornelia.

T: Will, tenías que habernos visto. Hay Lin y yo fingimos que reñíamos porque ella no quería contarme una «cosa secreta» aparentemente importantísima...

T: Me quito y me pongo las gafas dos veces seguidas.

C: Me pongo mi pulsera de la suerte en la muñeca derecha.

H: Me hago un nudo en un mechón de pelo.

C: Y yo trataba inútilmente de calmarlas.

H: Para los oídos cotillas de las Grumper era un cebo irresistible, sobre todo cuando Cornelia las implicó en la discusión.

W: ¿Y qué más? ¡Venga, chicas, dejaos de rodeos!

T: Conclusión de la historia: convencimos a Hay Lin para que nos invitara a todas a su casa para seguir charlando delante de un té. Las Grumper se apuntaron las primeras...

W: Y allí, ¿qué pasó?

I: Cornelia y las demás hablaron durante una hora del «secreto» de Hay Lin como si fuera una cosa trascendental, pero sin decir de qué se trataba...

el corazón de KANDRAKAR te dice que...

El grupo, en sí, tiene una gran fuerza: la que nace de varias personas unidas por un profundo sentimiento de amistad. Por eso, si confiesas un secreto a un grupo de amigas íntimas y leales, puedes estar segura de que lo guardarán y protegerán como si fuera «suyo».

Además, confesarte con ellas hará que te sientas más «ligera», porque sabrás que puedes contar en todo momento con alguien que, al compartir un «pedacito» de ti, podrá ayudarte cuando lo necesites y estar a tu lado de una forma especial.

T: ¡Las Grumper se morían de curiosidad!

C: Ha sido divertidísimo. Después de una serie infinita de discusiones, promesas de discreción, etc., Hay Lin parecía decidida a «soltarlo todo», pero volvió a cambiar de idea, dejando a las dos metomentodo con la miel en los labios.

H: Las hemos tenido intrigadas prácticamente toda la tarde con un secreto que... ¡no existía!

T: Mientras tanto, tu secreto, Will, ha quedado bien guardado.

W: Sí, gracias a vosotras. Es verdad...

...cuando una confidencia se comparte con las verdaderas amigas se convierte en una especie de «secreto de equipo» y resulta más fácil defenderlo, porque nos ayudamos mutuamente y nos comprometemos juntas a guardarlo.

T: A propósito de confidencias, Will... Todavía no nos has contado qué tal has pasado la tarde.

W: Bien... Matt y yo hemos hablado del trabajo en la tienda de animales y hemos tomado dos copas de helado cada uno...
Lo sé, no parece nada especial, pero...

I: Como estabas con él, era... ¡superespecial!

capítulo **nueve**

¿A quién se lo cuento?

Del diario de Hay Lin

<u>Lunes, 10 de agosto</u>

Es increíble... Estoy en la playa, tengo algo muy especial *que contar y no sé a quién decírselo. He estado a punto de cavar un hoyo en la arena y gritar en su interior mi* supersecreto *para desahogarme, aunque no creo que la arena sea una buena confidente... ¡Necesitaría a Will, Taranee, Irma y Cornelia! Pero como no están, tendré que confiar en las personas que conozco aquí. Veamos...*

Kerry*: en principio, excluida. Cuidarse las manos es la misión de su vida, la única; si le dijese que me he roto una pierna, me respondería que a ella también se le ha roto una uña. Indudablemente, si me interesara saber algo sobre manicura, sería la persona ideal, pero de otros temas no se puede hablar con ella.*

Denise: *es muy amiga de todos..., ¡demasiado amiga de todos! La llaman «la periodista más dicharachera de la Gaceta del Universo»: si le digo hoy que no sé si cortarme las puntas, mañana todo el mundo creerá que me he cortado, rizado y teñido el pelo de rosa. Por tanto, nada que hacer: con una persona así es preferible mantener la boca cerrada.*

Katia: *es una «todóloga» de profesión. A ella le ha ocurrido de todo. Lo sabe todo. Lo entiende todo, y... por eso JAMÁS escucha. Me imagino la conversación. Yo: «Me ha sucedido una cosa y no sé qué hacer...»*
Ella: «¡Estupeeendo! Has hecho bien en decírmelo, porque yo también, una vez...» Yo: «No te he contado nada aún. Se trata de un chico...» Ella: «Yo también, cuando conocí a Edwin...» Nada más que decir: también elimino a Katia.

el corazón de KANDRAKAR te dice que...

En general, es mejor confesarse con alguien a quien se conoce bien. Normalmente, el confidente ideal es una persona que sabe escuchar sin interrumpir, que no juzga sin saber, que es correcta con todos y no necesita llamar la atención de los demás contando a todo el mundo los asuntos ajenos.

A veces conocemos a personas que nos parecen simpáticas y en las que confiaríamos en seguida, pero al principio conviene ser prudentes.

Elisa: *es simpática, y nunca la he visto hacer nada que me disguste, pero me parece que todavía no le interesan los chicos. Por eso, si le contara lo que me ha pasado no lo entendería.*

John: *descatalogado. Es un chico. Además, es muy amigo de Robin, que es el protagonista de mi secreto.*

Al final solo tengo dos opciones: o permanezco callada, o me arriesgo con Elisa.

Podría ser la persona adecuada, porque me parece muy leal, siempre lo ha sido con todos, no solo conmigo. Y el hecho de que no nos interesen las mismas cosas no es un problema; creo que, si es despierta y sensible como parece, sabrá ponerse en mi lugar y aconsejarme bien.

WITCHARIO

CINCO SECRETOS PARA SABER A QUIÉN CONTAR UN SECRETO

I. Se lo cuento a Lechuga, mi tortuga.

W. Soy mi mejor confidente.

Miércoles, 12 de agosto

¡Ya está! Por fin me he «liberado» de mi supersecreto, es decir, que Robin quería estar conmigo a solas. Se lo he contado a Elisa, y he descubierto que es fantástica...

Me ha dejado explicárselo todo con calma, sin interrumpirme. Y eso ya me ha servido para aclararme un poco las ideas.

Por ejemplo, me he dado cuenta de que no me apetecía mucho aceptar la invitación, pero tampoco quería decir un «no» rotundo. Ella me ha aconsejado ir y me ha prometido que se pasaría por la playa «casualmente» a la hora X. Y así ha sido: al final, hemos ido los tres a tomar un helado, y hemos pasado una tarde muy divertida. Cuando volvíamos a casa, Elisa me ha confesado que le gusta John. En fin, nos hemos convertido en confidentes, y mañana, cuando vayamos a ver la competición de zambullidas de Robin y John, ¡será **nuestro secreto***!*

T — También eso es un secreto.

C — A quien me escucha sin interrumpirme.

H — A quien no insiste en saberlo.

capítulo **diez**

Secretos ¡con factura!

LAS W.I.T.C.H.

Miércoles por la tarde – en la heladería

H: Y bien, Irma, ¿a qué se debe esta cita?

C: ¿Tienes una repentina e incontenible necesidad de una copa de nata y chocolate?

I: No, pero la tendré pronto, ya que me esperan, como mínimo, diez años de clausura. Digamos que es una especie de último deseo...

W: Caramba. Debe de ser algo grave.

I: Me temo que sí, aunque todavía no sé «cómo» de grave.

C: ¡Bueno..., déjate de misterios!

T: ¡Sí! ¡Dinos qué ha sucedido!

I: Veréis, es muy sencillo...

¡A.F.d.T.!

H: ¿Es decir..., «Auxilio, la Factura del Teléfono»?

Irma asiente, y durante unos instantes las W.I.T.C.H. guardan un preocupante silencio

W: Siempre la misma historia... ¡Pero este mes nos hemos controlado! Nos hemos llamado lo menos posible, y siempre en situaciones de emergencia.

C: ¿Piensas que telefonearme para preguntarme si te pones los cordones azules o los amarillos en las zapatillas negras es una «situación de emergencia»?

W: Sí, porque llevaba los pantalones grises y la sudadera azul... Y, sobre todo, tenía que ir a la tienda de animales. ¡Seguro que Matt estaba allí!

C: Emergencia o no, el teléfono es fundamental para nosotras...

¡No podemos vivir sin él!

T: Pero mis padres no lo entienden: ¡para ellos no tiene sentido que necesitemos estar «colgadas del auricular», puesto que nos vemos casi todos los días.

W: ¡Pero no es lo mismo!

Hablar por teléfono es una manera muy especial de contarse secretos, ayudarse, desahogarse... En fin, sentirnos cerca en todo momento y en cualquier situación.

Sonrisas W.I.T.C.H.

Soluciones divertidas a todas tus dudas

Solo me fío de mí. ¿A quién puedo contar mis secretos?

¡Al espejo!

No sé a quién decir que hay un chico que me gusta con locura.

Para empezar..., ¡díselo al chico en cuestión!

He contado un secreto a medio mundo. Quizá me haya equivocado...

Claro que te has equivocado: el otro medio mundo está esperando saber...

He desvelado un secreto de una amiga mía en una redacción, y ella se ha puesto furiosa. ¿Por qué?

Hum..., ¡tal vez hayas cometido demasiados errores de ortografía!

H: Dinos, Irma, ¿adónde ha ido a parar tu factura?

I. ¡Aquí la tengo! Cuando la he visto en el buzón, la he guardado a escondidas. ¿Queréis ver a cuánto asciende esta vez? Me da miedo que sea...

¡Para desmayarse!

T: Es mejor no abrir la carta: tus padres podrían enfadarse aún más. Lo más importante ahora es encontrar el modo de suavizar la noticia a tus padres y que podamos seguir charlando.

Las chicas se toman un helado rápidamente mientras piensan un plan

W: Ya lo tengo: decimos que hemos estado mucho tiempo conectadas a Internet para hacer un trabajo de clase.

C: Will, solo tú y Taranee tenéis ordenador. Además, con una factura tan elevada, nuestros padres esperarían unas notas altísimas.

T: Pero una excusa relacionada con los deberes siempre funciona...

I: Exacto..., ¡pero ya la pusimos en la antepenúltima factura!

H: Cuando llegan a casa facturas de este tipo, mis padres se enfadan y me dicen que les hago tirar el dinero, que me comporto de una manera...

I: ...inmadura. Es justo lo mismo que dicen mis padres.

H: Bien, por tanto, la solución es obvia: tenemos que demostrar a nuestros padres que somos responsables.

I: Ve al grano: ¿qué insinúas?

H: *Cada una de nosotras debería ahorrar un poco de dinero de su paga. Después, cuando llegue la factura, y antes de que nuestros padres la abran, les entregamos nuestros ahorros diciendo que somos conscientes de que nos hemos «pasado» un poco con el teléfono y nos parece justo contribuir en el pago.*

W: Hum..., puede servir.

C: Y es justo, en el fondo, ya que somos nosotras las que más usamos el teléfono.

I: Pero hay un problema: ¡en este momento mis ahorros ascienden casi a cero! ¡No puedo tener escondida la factura hasta que haya ahorrado la suma necesaria!

T: No te preocupes: nosotras te ayudaremos. Unamos las fuerzas...

C: ¡...y los monederos!

Nace así el «fondo teléfono» de las W.I.T.C.H.; con la aportación de todas, Irma reúne el dinero suficiente para «remediar» el gasto de la factura

H: ¿Estamos de acuerdo? Irma será la primera en experimentar la estrategia...
Y si todo sale bien, nosotras la seguiremos...

I: ¡Acepto! Os llamaré para... ¡glup! ¡Os lo contaré mañana!

Al día siguiente...

W, T, C, H (a la vez): Bueno, ¿qué ha pasado?

I: Como diría Hay Lin, «Triple Yap».
Al ofrecerle mi dinero, papá se ha quedado sin palabras; me ha confesado que no esperaba un gesto semejante por mi parte y se ha alegrado por mi comportamiento de «señorita-madura-y-responsable».

C: ¡GUAY! ¡Misión cumplida en toda regla!

I: ¡Sí! Y la factura era casi la mitad que la anterior, así que mis padres no han aceptado la aportación y me han devuelto el dinero.

T: Podríamos reservarlo por si surgen futuras «emergencias telefónicas». ¿Qué os parece?

W: A mí, bien. Pero prometamos también que, de ahora en adelante, nuestras conversaciones telefónicas no durarán más de cinco minutos...

H: ¡Pongamos diez, porque con cinco no tenemos tiempo ni de saludarnos!

W: Vale, pero no debemos llamarnos más de tres veces al día.

I: Hum..., ¿no podemos poner cuatro?

W, T, C, H (a la vez): ¡¡¡IRMA!!!

I: Bueno, de acuerdo. Quizá tengáis que recordarme más a menudo que corro el riesgo de quedarme sin mis queridos helados...

Apuntes e ideas

El «charlómetro»: ideas para medir una llamada telefónica

Ha llegado el momento de colgar cuando...

- ✗ Se han acabado las cinco galletas de la merienda.
- ✗ La varita de incienso se ha consumido totalmente.
- ✗ Ya tienes la mano llena de dibujos.
- ✗ Suena la alarma del despertador, que habías programado antes de telefonear.
- ✗ Se termina la canción que habías puesto como música de fondo.
- ✗ Continúa, después de los anuncios, el programa de TV que estabas viendo cuando ha sonado el teléfono.
- ✗ La aguja del reloj llega al cuarto de hora.

capítulo **once**

¡Pillada!

Del diario de Taranee

<u>Domingo, 23 de enero</u>

Mamá se ha levantado hoy con la obsesión de la «limpieza general», y me ha obligado a ordenar mi habitación. Pero esta vez no bastaba con poner en orden la mesa y los papeles, sino que tenía que arreglar los armarios, donde acumulo desde hace años (según ella) «ropa que nunca me pongo».

No me apetecía **nada** *hacerlo, pero después me he divertido encontrando montañas de cosas viejas de las que ya no me acordaba. Entre las muchas «reliquias» que han aparecido en los cajones, está mi* **«retrato de diva»***; es de hace dos años, cuando me divertía poniéndome ropa de mamá para improvisar obras de teatro en el jardín...*

Es una foto muy graciosa (¡estoy posando como una auténtica estrella de cine!), tengo que enseñársela a las W.I.T.C.H.

Lunes, 24 de enero

¡Día negro; en realidad, negrísimo*!*
Y todo por culpa de las Grumper, que han vuelto a hacer una de las suyas. Yo había llevado la foto a clase para que la vieran Will y las demás...

el corazón de KANDRAKAR te dice que...

A menudo, quienes desvelan los secretos ajenos lo hacen porque desconocen su importancia; a veces, unas risas con los amigos pueden parecer inofensivas, aunque se hagan a espaldas de alguien. Si te enteras de que alguien ha descubierto tu secreto y lo está contando por ahí, prueba a hacerle comprender que si estuviera en tu lugar no le gustaría en absoluto.

Si tu secreto continúa estando en boca de todos, mira a tu alrededor; esta es la ocasión para saber quién es verdaderamente tu amigo, y a veces para descubrir, entre los que te apoyan, a nuevas personas en las que confiar.

Busca el respaldo de tu grupo: en estos momentos, los amigos sinceros saben protegerse, y estando unidos son mágicamente fuertes.

Pero no me apetecía enseñársela a todos. Por eso, en el recreo, nos hemos ido a un rincón para librarnos de miradas indiscretas. Pero esas dos fisgonas de las Grumper deben de tener una especie de radar, porque han aparecido de repente, justo a tiempo para ver la foto.

Y, naturalmente, han empezado en seguida a hacer preguntas y comentarios a VOZ EN GRITO *para que todo, pero TODO el instituto, estuviera al corriente de mis «secretas aspiraciones de gran actriz».*

Pues nada, ahora lo saben hasta las paredes.

Afortunadamente, ellas no se ríen, al contrario que el resto de mis compañeros.

Martes, 25 de enero

Hoy, después de una hora elaborando un plan estratégico para encontrar una solución a lo que sucedió ayer, hemos llegado a la conclusión de que no tengo más remedio que «representar bien mi papel»...

Si en clase te toman el pelo porque han descubierto un secreto tuyo, es inútil que te lo tomes muy a pecho; total, ya lo conocen todos. Lo más eficaz es quitar al ex secreto su atractivo de secreto; la mejor manera de «desinflar» las habladurías es desdramatizarlas, demostrando a todo el mundo que no tienes nada de qué avergonzarte, y por tanto..., ¿qué sentido tiene seguir hablando de ello?

¡En fin, si tienen tantas ganas de hablar de mí porque hacía de «diva», se les van a pasar cuando empiece a comportarme como tal! He rebuscado en el armario y he encontrado el vestido que me regaló mi tía por mi cumpleaños; es tan exagerado *que nunca me he atrevido a llevarlo...*
En cambio, ¡mañana me lo pondré para ir a clase!

Miércoles, 26 de enero

¡Ha sido fantástico! Cuando he llegado a clase, todos me miraban atónitos. He ido a la cancha de baloncesto, y... ¡cómo me he reído viendo a los chicos llevándose una reprimenda tras otra porque fallaban casi todas las canastas! Debía de haber alguien *que les distraía...*

WITCHARIO

CINCO FRASES PARA DECIR A QUIEN HA DESVELADO TU SECRETO

I

Le digo algo chistoso para parecer alegre e indiferente.

W

¡Le felicito; de mayor podrá ser investigador privado!

En el recreo me he encontrado con las Grumper por el pasillo, y se han quedado con la boca abierta; era evidente que no podían pronunciar palabra, así que he hablado yo, ¡y les he dado las gracias por la **publicidad** *que me han hecho!*

P.D. *Tengo un nuevo secreto que protegeré cuidadosamente de los ojos y los oídos de esas dos víboras; ¡estoy deseando que se acabe esta historia para volver a mis queridas* **zapatillas deportivas!**

T

Le fulmino... ¡con palabras!

H

No le respondo, para darle a entender que «la cosa» no me interesa.

C

¿De qué secreto estás hablando?

capítulo doce

Operación «fiesta sorpresa»

Del diario de Irma

Domingo, 4 de mayo

Finalmente, Will, Taranee, Hay Lin y yo hemos tenido una megaidea *para el regalo de cumpleaños de Cornelia: ¡le haremos una fiesta sorpresa! Esta tarde nos hemos reunido las cuatro en mi casa para organizarnos, y en seguida han surgido los primeros problemas: suena el teléfono, y es... Cornelia, que quiere invitarme al cine.* ¡Horror! *Afortunadamente he conseguido inventarme un «resfriado relámpago» que me impedía salir. Esta vez me he librado, pero creo que no va a ser fácil mantener nuestro plan en* secreto.

Lunes, 5 de mayo

Esta tarde nos hemos reunido para buscar un sitio para la fiesta: ¡un desastre! *Will quería hacerla en su casa, pero en esta época su madre tiene muchísimo trabajo, y no se atreve a pedirle que haga un esfuerzo semejante.*

En mi casa no se puede porque el domingo vienen a comer unos amigos de mis padres. En casa de Taranee tampoco se puede hacer nada porque acaban de pintar el salón; al oír la palabra «fiesta» sus padres han puesto la clásica cara de «ni-lo-sueñes». Lo mejor sería el restaurante de los padres de Hay Lin, aunque está siempre repleto.
¡Pero no nos rendimos!
Mañana, nueva táctica: todas para una, una para todas, hablaremos con los padres de Cornelia... ¡¡Ellos son la última esperanza!!

Martes, 6 de mayo

Esta tarde hemos ido a casa de Cornelia (sabíamos que estaba en clase de patinaje) para pedir a su madre que nos prestara la casa para organizar una fiesta.
Hemos hecho de todo para convencerla, y ¡ha funcionado!*... o casi, ya que la señora Hale nos ha hecho un auténtico «interrogatorio» sobre cuántos seremos, qué haremos, etc.*

Sonrisas W.I.T.C.H.

Soluciones divertidas a todas tus dudas

Me han organizado una fiesta sorpresa, pero lo he descubierto todo. ¿Qué debo hacer?

¡Un curso acelerado de teatro para representar un papel de «agasajada sorprendida y emocionada» digno de un Oscar!

Mi madre no quiere dejarnos la casa para una fiesta sorpresa. ¿Qué me aconsejáis?

Bueno, organizad vuestra fiesta de todos modos. Así la sorpresa se la dais a vuestra madre...

Se me ha olvidado comprar la tarta para la fiesta. ¿Es indispensable que haya una?

¡Siempre se puede recurrir a una apetitosa sopa de cumpleaños! Solo hay un problema: ¿dónde se ponen las velas?

No ha venido nadie a mi fiesta sorpresa.

Sé positiva: ¡también ésta ha sido una sorpresa!

Sin embargo, hemos conseguido tranquilizarla con una lista de solemnes promesas:
- dejaremos la casa limpia y resplandeciente como en los anuncios de detergentes;
- no romperemos ni estropearemos nada (los objetos frágiles serán puestos a salvo como si fueran piezas de museo);
- no molestaremos a los vecinos con la música a todo volumen;
- tendremos las luces siempre encendidas…, ¡incluso a las tres de la tarde!
Por fin, nos ha dado permiso para usar la casa.
Y no solo eso: afortunadamente, hemos logrado que aceptara nuestra única condición: los padres estarán ¡¡¡lo más lejos posible!!!

Miércoles, 7 de mayo

Misión del día:

Conseguir las direcciones y teléfonos de los amigos de Cornelia para invitarles a la fiesta.

Con los compañeros de clase no hay problema, pero localizar a sus viejos amigos ha sido una ardua tarea.
Afortunadamente he encontrado una aliada que me ha conseguido la antigua agenda de Corny, aunque con la condición de poder asistir ella a la fiesta.
Sí, me refiero a esa chismosilla de su hermana Lylian, que conoce a la perfección cada centímetro de la habitación de Cornelia.

Con un poco de cara dura, he telefoneado y enviado SMS y e-mails a todos, citándoles el sábado por la tarde, a las 15:00. ¡En punto!
Mientras tanto, Taranee ha hecho la

...lista de cosas que no pueden faltar, dividiéndola entre los invitados.

Jueves, 8 de mayo

Hoy nos hemos ocupado de la música...

Hemos pedido a los invitados que mejor conocemos que traigan todos los CDs que puedan.

Después, Hay Lin, nuestra bruja de los pinceles, ha preparado

...un megacartel con todos los deseos para la fiesta: antes de llegar, pediremos a todos los invitados que firmen (ojalá con una dedicatoria).

Después lo pegaremos a la vista, cerca de la puerta de entrada. Parece increíble, pero hemos terminado todos los preparativos un día antes de lo previsto.
Somos las mejores..., o mejor dicho, ¡MÁGICAS!

Viernes, 9 de mayo

¡SOCORRO! ¡Mañana es el gran día! Esperemos que todo salga BIEN, especialmente nuestro plan de llevar a Corny a la fiesta sin que se entere de lo que la espera. Obviamente, no podíamos fingir que no nos acordábamos de su cumpleaños... ¡Ella habría intuido en seguida que «hay gato encerrado»! Por suerte, Peter se ha ofrecido a echarnos una mano: él la acompañará a casa perdiendo un poco de tiempo con una serie de «excusas» mientras nosotras nos encargamos de los últimos preparativos. Y ahora... un poco de relax para centrarme en un superproblema: ¿¿¿QUÉ ME PONGO MAÑANA???

Sábado, 10 de mayo

Ha salido bien..., ¡mejor dicho, SUPERBIÉN*! La llegada de Cornelia ha sido grandiosa; ha abierto la puerta y ha puesto cara de sorpresa y de «socorro-qué-está-pasando-aquí» a la vez, pero no ha tenido tiempo de abrir la boca porque se han disparado los aplausos, los confetis... ¡y la fiesta ha comenzado! Ha sido una tarde realmente* SÚPER*. ¡El lunes no se hablará de otra cosa en el instituto!*

¿Qué hacer si...

¿No logras encontrar un sitio para organizar una fiesta?

- Piensa en algún conocido que tenga un garaje o un ático vacío, y pregúntale si te lo deja.
- Si el tiempo lo permite, puedes hacerla en un jardín municipal; bastan un prado, viejos manteles y mantas. ¡Eso sí, acordaos de dejar limpio el parque!

¿Vas a organizar una fiesta y solo sois 4 ó 6?

- Organiza una «fiesta pijama»: música, pijamas, sacos de dormir, y toda la noche para bailar y charlar.
- Haz un «maratón de películas»; alquila todos los vídeos que encuentres de tu actor favorito, llena la casa de palomitas de maíz y refrescos, y aduéñate del salón y... ¡del mando a distancia!
- Cena de amigos íntimos: divertiros cocinando juntos y experimentando recetas nuevas.

¿Has organizado una fiesta sorpresa para una amiga tuya, pero no sabes cómo llevarla sin que sospeche nada?

- Dile que tiene que acompañarte sin falta a una tienda donde trabaja un chico muy guapo que quieres que conozca.
- Insinúale que estás un poco deprimida y la necesitas para hacer un poco de «tiendas-terapia».

capítulo **trece**

Códigos para todos los gustos

Del diario de Irma

Martes, 17 de octubre

Si existiese el premio a los papelones, yo sería la candidata NÚMERO UNO.
Esta mañana había escrito una nota a Hay Lin para contarle mi salida con Martin (hemos estado en el museo, viendo la colección de coleópteros. ¡BRRR!*), pero la profe de ciencias, que no me quita ojo, ha interceptado el mensaje y lo ha leído en voz alta a toda la clase. Según ella, así todos apreciarían mi «loable interés por las ciencias naturales»... Pero el resultado es que ahora medio instituto se ríe de mí por mi interés por... ¡Martin!*

Miércoles, 18 de octubre

Hoy, en el parque, he hablado con las chicas de lo sucedido ayer en clase, y hemos decidido inventarnos un lenguaje secreto..., mejor dicho, unos códigos top secret *adecuados para cada ocasión. Los voy a escribir aquí para que no se me olviden, como le pasó a Will con la contraseña de su ordenador (le tocó poner patas arriba toda la habitación para encontrar la hoja donde la había escrito, y la encontró entre los cojines en los que suele dormir* Lirón*..., me parece que él había intervenido en su desaparición).*

Alfabeto numérico

Cuando el mensaje es un «top secret» de primer orden ¡y para que no sea «descifrado» ni por la profe de matemáticas!

A cada letra le corresponde un número:
A=21, B=20, C=19, D=18, E=17
y así sucesivamente.

Por ejemplo: «Hoy estoy alegre» se convierte en:

Hoy = 14-9-2
estoy = 17-6-5-9-2
alegre = 21-12-17-15-7-17

Frases en clave

Cuando estamos en presencia de personas «cotillas»

KIT Keep In Touch	Seguimos en contacto
NP No Problem	Ningún problema
BBL Be Back Later	Vuelvo más tarde
SYS See You Soon	Nos vemos pronto
TOY Thinking Of You	Pienso en ti
BF Boy Friend	Novio
HCM! He Called Me!	¡Me ha telefoneado!
CTYL Call To You Later	Luego te llamo
HB Happy Birthday	Feliz cumpleaños
DYR? Do You Remember?	¿Te acuerdas?

SMSario

Cuando hay que comunicarse de forma rápida

:-)	Estoy contenta
:-))	Estoy muy contenta
:-(	Estoy triste
:-((	Estoy muy triste
%-)	Estoy confundida
:-S	No sé qué decir
:-/	Estoy indecisa
:-?	No comprendo
=)	Me he puesto colorada
=S	Estoy emocionada
:°(	Estoy llorando
>:-(	Estoy enfadada
:-X	Me he quedado sin palabras
:-@	Demasiado divertido
:-C	¿Qué tal va?
:-|	Fantástico

(:-#	Mantén la boca cerrada
:-*	Un beso
^@*	Estoy loca por él
:-[	Me has hecho enfadar
|-O	Tengo sueño
:->	Me gusta un montón
6@	Eres mi amor
~=	El interrogatorio ha ido mal
-*)=	El interrogatorio ha ido muy bien
#-	Debo quedarme en casa
:/°	¿Salimos hoy?
:-9	Lo estoy deseando
+!	¡Vale!
-!	Ni lo sueñes
W!	¡Adelante con el plan!
:-ZZZZ	¡Qué aburrimiento!

A la inversa

A utilizar cuando un entrometido sobrepasa la distancia de seguridad. ¡Antes de «activar» este código es necesario dominarlo, pues de lo contrario no se entiende nada!

Me resulta antipático
Me vuelve loca

Estoy preparadísima en historia
Si me suspenden en geografía estoy perdida

No me apetece salir hoy
Nos vemos en el sitio de siempre

Pasaré toda la tarde estudiando
Hoy tiendas a tutiplén

Hace tiempo que no hablo con él
Ayer me telefoneó

No me gusta enviar mensajitos
Acabo de recibir un SMS increíble

No hay ni una sola fiesta a la vista
Nos han invitado a una fiesta

Hace tiempo que no escucho esa canción
Tenemos que encontrar la manera de ir al concierto

Tiene cara de sapo amazónico
Es guapo a rabiar

Alfabeto W.I.T.C.H.

Cuando hay que escribir un mensaje ultrasecreto y un poco largo

A = .
B = ,
C = ;
D = Y
E = ı
F = ª
G = Á
H = É
I = :

J = @
K = #
L = '
M = ?
N = !
Ñ = ~
O = «
P = -
Q = +

R =)
S = (
T= ¨
U = ...
V = ^
W = %
X = &
Y = °
Z = Æ

Ejemplo: «Nos vemos a las 17» = !«(^ı?«(. '.(17

El lenguaje de los colores

Para evitar preguntas del tipo «¿Cómo estás?»

Blanco = Estoy tranquila
Rojo = Ojo a quien me haga enfadar
Amarillo = Cotillas fuera
Azul = Soy tu amiga
Verde = Me siento fenomenal
Lila = Tengo la cabeza en las nubes
Naranja = Tengo ganas de ir de vacaciones
Gris = No he estudiado
Rosa = ¡Ha sido maravilloso!
Azul claro = ¿Salimos esta tarde?

No-solo-garabatos...
Signos secretísimos para decir todo lo que quieras.

	¡No puedo más!
	¿Qué hago, le llamo?
	¿Vienes a la fiesta?
	¿Has estudiado?
	Sí
	No
	Quizá
	¿Hacemos las paces?
	Te llamo más tarde
	¡Ojalá no me pille!

Apuntes e ideas

Un lenguaje secreto es...

- Hablar y que solo me entienda quien yo quiera.
- Hacer que mis secretos sean aún más secretos.
- Divertirme con mis amigas.
- Tener un lenguaje totalmente mío.
- Inventar las frases más absurdas y reírme con mis amigas.
- Defender mi mundo de quien quiera entrometerse.
- Una manera de que el grupo esté aún más unido.
- No lo sé, pero ¡me gusta un montón!

Test

¿Sabes guardar un secreto?

Parte de la pregunta 1 y luego avanza hasta el número indicado por la respuesta que has elegido. Atención: reflexiona antes de contestar.

1

Eres la primera que ve las notas de fin de curso: Elisa ha aprobado, Jane no. Cuando las ves fuera de clase...

A Procuras hablar a solas primero con una y luego con otra. (→ **2**)

B Les dices inmediatamente a ambas lo que sabes. (→ **3**)

2

En clase se preguntan por qué tu amiga no se habla con David. Tú sabes el motivo y...

A No dices nada, es algo que solo atañe a ellos dos. (→ **4**)

B Hablas con tus compañeros (→ **5**)

3

Hay un chico que cuenta chismes a todos y sobre todos. Tú...

A Le desenmascaras en público. (→ **5**)

B Se lo dices en secreto a todos tus conocidos. (→ **6**)

4

Tu hermano decide hacer algo que tú consideras un error. ¿Se lo dices a tus padres?

A No. (→ **perfil A**)

B Depende. (→ **perfil B**)

5

Sabes que en este momento Luisa no soporta a Marta. Luisa te pregunta si sabes algo al respecto. ¿Contestas la verdad?

A Solo si quieres meter cizaña. (→ **perfil B**)

B Dices que no sabes nada, pero te pones colorada. (→ **perfil C**)

6

Una amiga tuya te cuenta un secreto.

A Estás en un aprieto. Sigues preguntándote si ella está contenta de haber hablado. (→ **perfil C**)

B Te encanta; se lo cuentas a tus padres, al bedel y a tu primo tercero. (→ **perfil D**)

Perfiles

Perfil A

Muda como un pez

Nada que decir; sabes guardar un secreto. Se puede confiar plenamente en ti. No hablarías ni bajo tortura. Estás convencida de que un secreto es tal si solo lo conoce una persona. Un secreto compartido ya no te parece tan bien guardado. Eres la persona ideal para que te hagan una confidencia.

Perfil B

La agente secreto

El secreto es tu profesión. Sabes perfectamente cómo guardar un secreto, si quieres. Pero debes quererlo tú. También sabes usar los secretos ajenos como arma. Eres prudente, lo observas todo y no se te escapa nada. Cuando has decidido guardar un secreto, sabes hacerlo muy bien y no dudas en inventarte magníficas excusas para encubrirlo. Consigues siempre evaluar los secretos y las situaciones con gran habilidad: ¡nada escapa a tu vista de halcón!

Perfil C

La aprendiza

Desde luego, no eres una divulgadora de secretos. Sabes guardarlos, si quien te los cuenta te pide que lo hagas. Alguna vez se te pueden escapar, pero sin mala intención. No siempre consigues guardar los secretos ajenos, quizá porque todavía no estás segura de cómo guardar los tuyos. Aún te estás entrenando en el arte del secreto..., ¡pero aprendes muy de prisa!

Perfil D

El Boletín Oficial

¿Secretos? ¿Qué es eso? ¿Alguien tiene un secreto? Bueno..., no para ti. Ni tampoco tú. Te gusta contar a todos, todo de todos, y no ves nada malo en ello. Te diviertes, y eso es lo importante. Cuando sabes una cosa, se la dices a cualquiera, sin pensarlo dos veces. Tienes futuro como periodista, pero si alguien quiere guardar un secreto, es mejor que no te lo cuente a ti.

En esta colección

100 brujerías para hacer **amigos**
100 brujerías para guardar **secretos**
100 brujerías para sobrevivir a la **escuela**
100 brujerías para convivir en **grupo**